Animals and
Their Senses/
Los sentidos
de los animales

ANIMAL HEARING/
EL OÍDO EN LOS ANIMALES

by/por Kirsten Hall

Reading consultant/Consultora de lectura: Susan Nations, M.Ed.,
author, literacy coach, consultant/autora, tutora de alfabetización, consultora

WR WEEKLY READER
EARLY LEARNING LIBRARY

Please visit our web site at: www.earlyliteracy.cc
For a free color catalog describing Weekly Reader® Early Learning Library's list
of high-quality books, call 1-877-445-5824 (USA) or 1-800-387-3178 (Canada).
Weekly Reader® Early Learning Library's fax: (414) 336-0164.

Library of Congress Cataloging-in-Publication Data available upon request from the publisher.
Fax (414) 336-0157 for the attention of the Publishing Records Department.

ISBN 0-8368-4814-4 (lib. bdg.)
ISBN 0-8368-4820-9 (softcover)

This North American edition first published in 2006 by
Weekly Reader® Early Learning Library
A Member of the WRC Media Family of Companies
330 West Olive Street, Suite 100
Milwaukee, WI 53212 USA

Weekly Reader® Early Learning Library Editor: Barbara Kiely Miller
Weekly Reader® Early Learning Library Art Direction: Tammy West
Weekly Reader® Early Learning Library Graphic Designer and Page Layout: Jenni Gaylord
Weekly Reader® Early Learning Library Translators: Tatiana Acosta and Guillermo Gutiérrez

Photo Credits
The publisher would like to thank the following for permission to reproduce their royalty-free photographs:
AbleStock: 6, 12, 19; Corbis: Cover, 16, 18; Corel: 8, 14, 15; Digital Vision: Title page, 11, 17, 20, 21;
Fotosearch/Creatas: 7, 9, 13; Fotosearch/image 100: 4, 10; Fotosearch/Image Source: 5

Printed in the United States of America

1 2 3 4 5 6 7 8 9 09 08 07 06 05

Note to Educators and Parents

Reading is such an exciting adventure for young children! They are beginning to integrate their oral language skills with written language. To encourage children along the path to early literacy, books must be colorful, engaging, and interesting; they should invite the young reader to explore both the print and the pictures.

Animals and Their Senses is a new series designed to help children read about the five senses in animals. In each book young readers will learn interesting facts about the bodies of some animals and how the featured sense works for them.

Each book is specially designed to support the young reader in the reading process. The familiar topics are appealing to young children and invite them to read — and reread — again and again. The full-color photographs and enhanced text further support the student during the reading process.

In addition to serving as wonderful picture books in schools, libraries, homes, and other places where children learn to love reading, these books are specifically intended to be read within an instructional guided reading group. This small group setting allows beginning readers to work with a fluent adult model as they make meaning from the text. After children develop fluency with the text and content, the book can be read independently. Children and adults alike will find these books supportive, engaging, and fun!

— Susan Nations, M.Ed., author/literacy coach/reading consultant

Nota para los educadores y los padres

¡Leer es una aventura tan emocionante para los niños pequeños! A esta edad están comenzando a integrar su manejo del lenguaje oral con el lenguaje escrito. Para animar a los niños en el camino de la lectura incipiente, los libros deben ser coloridos, estimulantes e interesantes; deben invitar a los jóvenes lectores a explorar la letra impresa y las ilustraciones.

Los sentidos de los animales es una nueva colección diseñada para que los niños lean textos sobre los cinco sentidos en los animales. En cada libro, los jóvenes lectores aprenderán datos interesantes del cuerpo de algunos animales y cómo éstos usan el sentido que se presenta.

Cada libro está especialmente diseñado para ayudar a los jóvenes lectores en el proceso de lectura. Los temas familiares llaman la atención de los niños y los invitan a leer — y releer — una y otra vez. Las fotografías a todo color y el tamaño de la letra ayudan aún más al estudiante en el proceso de lectura.

Además de servir como maravillosos libros ilustrados en escuelas, bibliotecas, hogares y otros lugares donde los niños aprenden a amar la lectura, estos libros han sido especialmente concebidos para ser leídos en un grupo de lectura guiada. Este contexto permite que los lectores incipientes trabajen con un adulto que domina la lectura mientras van determinando el significado del texto. Una vez que los niños dominan el texto y el contenido, el libro puede ser leído de manera independiente. ¡Estos libros les resultarán útiles, estimulantes y divertidos a niños y a adultos por igual!

— Susan Nations, M.Ed., autora/tutora de alfabetización/consultora de desarrollo de la lectura

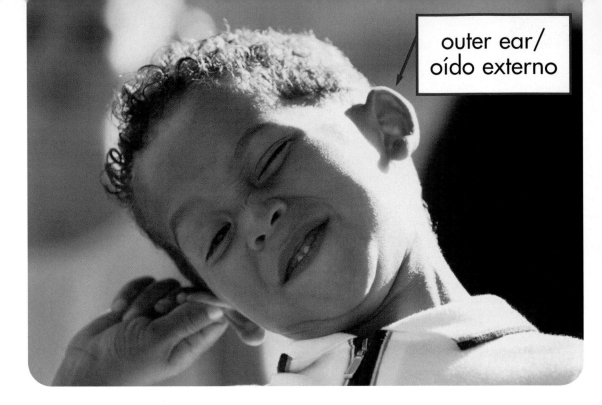

outer ear/
oído externo

People hear with their ears. Ears have three parts.
Sound waves move through the air into our outer ears.

- - - - - - - -

Las personas oímos con los oídos. Los oídos tienen tres
partes. Las **ondas sonoras** viajan por el aire hasta nuestro
oído externo, u oreja.

Then the sounds move through our middle ears to our inner ears. Our ears send **messages** to our brains so we know what we are hearing.

- - - - - - - - -

Después, los sonidos pasan por nuestro oído medio hasta el oído interno. Nuestro oído envía **mensajes** al cerebro para que sepamos qué estamos oyendo.

Some animals can move their outer ears around. A zebra can hear sounds coming from different directions by moving its outer ears.

- - - - - - - -

Algunos animales pueden mover la parte externa de sus oídos. La cebra puede mover sus orejas para oír sonidos que vienen de distintas direcciones.

Rabbits move their outer ears to catch sounds, too. They can move their ears one at a time or both together.

▬ ▬ ▬ ▬ ▬ ▬ ▬ ▬ ▬

Los conejos también mueven sus orejas para oír los sonidos. Pueden mover una oreja a la vez o las dos al mismo tiempo.

Snakes do not have outer ears. Bones in a snake's head send sounds to its inner ears.

– – – – – – – – –

Las serpientes no tienen orejas. Huesos de la cabeza de estos animales conducen los sonidos hasta el oído interno.

jaw/mandíbula

A dolphin's jaw sends sounds into its inner ears. Dolphins have better hearing than almost any other animal.

— — — — — — — —

La mandíbula del delfín conduce los sonidos hasta su oído interno. Los delfines tienen mejor oído que casi todos los demás animales.

ear flap/
pabellón auricular

A sea lion has flaps that cover its ear openings. The flaps keep water out of the sea lion's ears when it swims.

▬ ▬ ▬ ▬ ▬ ▬ ▬ ▬

El león marino tiene pabellones auriculares que le cubren los oídos. Estos pabellones no dejan que le entre agua en los oídos mientras nada.

ear slit/
abertura del oído

A crocodile hears through two ear slits on the top of its head. These slits close when the crocodile goes underwater.

- - - - - - - -

El cocodrilo oye por dos aberturas situadas en la parte de arriba de la cabeza. Estas aberturas se cierran cuando el cocodrilo se mete en el agua.

Elephants have the biggest outer ears of any animal. They can hear sounds that are too low, or deep, for people to hear.

- - - - - - - -

Los elefantes son los animales con las orejas más grandes. Pueden oír sonidos que son demasiado graves o bajos para el oído humano.

Cats can hear sounds that are too high for people to hear.
Mice can hear even higher sounds than cats.

- - - - - - - - -

Los gatos pueden oír sonidos que son demasiado agudos
para el oído humano. Los ratones pueden oír sonidos aún
más agudos que los que oyen los gatos.

A bird's outer ears are hidden by its feathers. Even with its ears covered, eagles have excellent hearing.

■ ■ ■ ■ ■ ■ ■ ■

Las orejas de los pájaros están cubiertas de plumas. Aún así, las águilas tienen un oído excelente.

Owls also have very good hearing. They can even hear mice moving across the forest floor.

- - - - - - - - -

Las lechuzas también tienen muy buen oído. Pueden oír hasta los movimientos de los ratones por el suelo bosque.

Bats use hearing to help them fly in the dark. They make sounds that bounce off objects. Bats listen for these **echoes** to know what is nearby.

— — — — — — — — —

Los murciélagos usan el oído para guiarse cuando vuelan en la oscuridad. Emiten sonidos que rebotan en los objetos. Los murciélagos escuchan esos **ecos** para saber si tienen algo cerca.

Whales listen for echoes bouncing off of fish. The echoes help whales find the food they like. Sounds travel more quickly through water than through air.

Las ballenas escuchan los ecos que rebotan en los peces. Estos ecos ayudan a las ballenas a encontrar la comida que les gusta. El sonido viaja más rápido en el agua que en el aire.

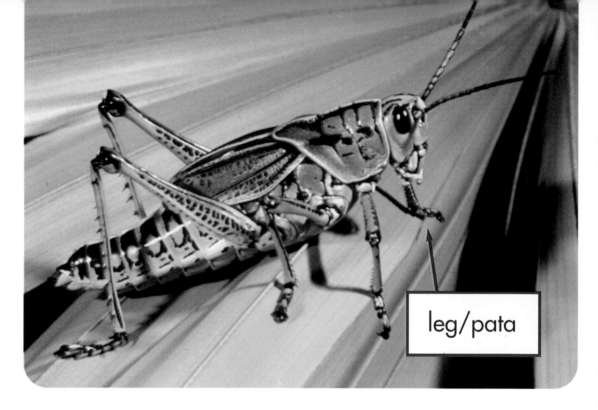

leg/pata

Some animals do not have their ears on their heads.
One kind of grasshopper has ears on the fronts of its legs.

- - - - - - - - -

Algunos animales no tienen los oídos en la cabeza. Hay una
clase de saltamontes que tiene los oídos en la parte delantera
de las patas.

A caterpillar does not hear sounds. It feels sounds. Hairs on a caterpillar's body move when something near it makes a sound.

– – – – – – – –

La oruga no oye los sonidos. Los siente. Los pelillos que cubren el cuerpo de la oruga se mueven cuando algo a su alrededor produce un sonido.

Listening can be very important for animals. An African
hunting dog listens when it hunts for **prey**.

- - - - - - - -

El oído puede ser muy importante para los animales. El
licaón usa el oído cuando busca a su **presa**.

Animals listen for sounds of danger, too. Being able to hear helps many animals live longer in the wild.

- - - - - - - -

Los animales también usan el oído para saber si hay peligro. Ser capaz de oír ayuda a muchos animales salvajes a sobrevivir.

Glossary

echoes — repeated sounds that are made when sound waves meet an object and bounce off it

messages — information that is passed on in writing, by speaking, or by signals

prey — animals that are hunted and killed by other animals for food

sound waves — movements of sound that travel through air, water, or a solid material

Glosario

ecos — sonidos repetidos que se producen cuando las ondas sonoras chocan contra un objeto y rebotan

mensaje — información que se transmite por escrito, oralmente o mediante señales

ondas sonoras — vibración sonora que viaja a través del aire, el agua o un material sólido

presa — animal que otros animales cazan para alimentarse

For More Information/Más información

Books

Animal Ears. Look Once, Look Again (series).
David M. Schwartz (Gareth Stevens)

Hearing in Living Things. Karen Hartley, Chris Macro,
and Philip Taylor (Heinemann Library)

Libros

Snakes/Las serpientes. Animals I See at the Zoo/
Animales que veo en el zoológico (series).
JoAnn Early Macken (Weekly Reader Early Learning Library)

Los gatos/Cats. Jennifer Blizin Gillis (Heinemann Library)

Index

Índice

About the Author

Kirsten Hall is an author and editor. While she was still in high school, she published her first book for children, *Bunny, Bunny.* Since then she has written and published more than eighty titles. A former teacher, Kirsten currently spends her days writing and editing and her evenings tutoring. She lives in New York City with her husband.

Información sobre la autora

Kirsten Hall es escritora y editora. Publicó su primer libro para niños, *Bunny, Bunny,* cuando aún asistía a la escuela secundaria. Desde entonces, ha escrito y publicado más de ochenta títulos. Kirsten, que anteriormente fue maestra, pasa el día escribiendo y editando, y por la noche da clases. Kirsten vive en la ciudad de Nueva York con su esposo.